ÉTAT-MAJOR DE L'ARMÉE

2e Bureau

CONFIDENTIEL

ENSEIGNEMENTS

DE LA

GUERRE RUSSO-JAPONAISE

Note n° 15. — Psychologie.

Juin 1906

Exemplaire n° .... **remis à** ....

État-Major de l'Armée

2e Bureau

Confidentiel

Juin 1906

Enseignements de la Guerre russo-japonaise

Note N° 15

Psychologie

Sommaire Pages

Côté japonais

L'influence des facteurs moraux dans la guerre de Mandchourie est exposée ainsi qu'il suit dans le rapport d'ensemble de M. le Général Lombard.

« Dans le vaste conflit qui vient de mettre aux prises le Japon et la Russie, le principe de la prédominance des forces morales, à la guerre comme ailleurs, s'est vérifié une fois de plus.

« Il ne faudrait pas, en effet, chercher le secret des succès japonais dans des considérations de commandement, de tactique ou de matériel : les Japonais ont vaincu à cause de la force morale supérieure qui les animait. Il y a donc intérêt à indiquer sommairement de quels éléments cette force était constituée. »

Psychologie de la Nation japonaise.-

« L'unité de la nation japonaise est complètement faite. Dans tout l'empire du Soleil Levant, depuis le Hokkaido (sauf quelques tribus d'Aïnos sans importance) jusqu'à l'extrémité sud de Kiou-Shiou, habite un peuple qui, malgré des croisements évidents, présente des caractères ethniques, physiologiques et

surtout ----

surtout psychologiques communs, qui en font une race bien compacte, parlant une même langue.

L'unité politique est également réalisée depuis que la main de fer des grands shoguns du XVIIe siècle a soumis toute la nation à une stricte discipline. L'autorité suprême, du moins en théorie, du Mikado, descendant direct des dieux par une lignée qui remonte à 2565 ans, est comme un dogme admis sans contestation par la grande masse de la nation. C'est "grâce aux vertus de l'Empereur", comme le disent les proclamations des généraux et amiraux japonais, que l'armée et la flotte ont obtenu la victoire.

Ainsi, toutes les forces vives de la nation sont pour ainsi dire dans la main de l'Empereur comme un instrument d'une puissance incomparable.(1)

D'autre part, la guerre contre la Russie était extrêmement populaire; depuis longtemps, cette puissance était considérée, d'instinct, par le Japon, comme l'ennemi le plus redoutable de la race nipponne, le seul capable d'arrêter son expansion et d'entraver ses projets ambitieux. La part considérable prise

par....

---

(1) Nous indiquons ici quel était l'état d'esprit de la Nation au moment de cette guerre; il est à prévoir qu'une évolution encore insensible mais certaine, se produira dans ces sentiments de loyalisme quasi-religieux.

par la Russie à la triple intervention de 1895, qui réduisit singulièrement les avantages que le Japon croyait retirer de ses succès dans la guerre contre la Chine, donna une forme plus précise à cette hostilité sourde. Dès lors, l'idée d'une guerre de "revanche" contre la Russie fut la pensée dominante de la nation toute entière. Aussi la déclaration de guerre fut-elle accueillie avec enthousiasme; c'était le commencement de la guerre sainte pour laquelle tout loyal Japonais devait donner sa vie et ses biens sans compter."

Psychologie des Japonais.-

"Tel était l'état psychologique de la nation. Si l'on passe à la psychologie de l'individu, on trouve qu'elle comprend les éléments suivants:

En premier lieu, un orgueil extrême, doublé d'une vanité presque maladive: tel est le fond même du caractère japonais. Combiné avec une certaine indifférence devant la mort, due en partie à une sensibilité assez faible du système nerveux, ce sentiment a donné lieu en tout temps à de nombreux cas de suicide, légaux (harakiri) ou purement volontaires, et dont on a également vu des exemples au cours de cette guerre.

En second lieu, une vive intelligence,

le .....

le Japonais comprend rapidement, et, par suite, est très sensible aux moyens d'action moraux.

En outre, l'homme est foncièrement discipliné ; ceci est plutôt, à mon avis, une qualité acquise qu'un trait naturel de caractère. Le moule féodal dans lequel la société japonaise est restée coulée pendant de longs siècles était si solidement fait, que l'individu en a gardé une empreinte durable ; il a le sens de la hiérarchie et trouve tout naturel d'obéir à ceux que l'Etat lui désigne pour ses supérieurs. La forte constitution de la famille japonaise dans laquelle le Chef de famille a des droits très étendus et d'ailleurs indiscutés, contribue également à discipliner les caractères. Je pense que cet état d'esprit se modifier ultérieurement.

Enfin le Japonais est de naturel guerrier ; il aime la guerre, de sorte qu'il la fait avec goût, voire même avec plaisir, guidé par un instinct sûr qui lui indique les moyens à employer et lui suggère les ruses les plus variées. Avant l'ère de Meidji, l'honneur envié de porter les armes était réservé à une caste dotée de nombreux privilèges : celle des "samouraï" ou hommes à deux sabres ; aussi, aujourd'hui l'homme du peuple appelé à servir dans l'armée considère ce service comme un

véritable....

véritable honneur pour lui et qui rejaillit sur sa famille.

[É]ducation patriotique.-

L'État japonais qui a assumé, depuis l'ère nouvelle, la mission de départir au peuple l'instruction, laquelle est obligatoire, n'a pas manqué de diriger cette instruction de manière à se constituer de solides défenseurs, en tenant compte des qualités et des défauts de la race; pour cela, il l'a doublée d'une forte éducation patriotique.

On pourrait parler avec beaucoup plus de raison de l'influence qu'a eue le maître d'école japonais sur les succès de la dernière guerre, que de celle du trop fameux maître d'école prussien de Sadowa. La première chose qu'on apprend à l'enfant dans l'école, c'est l'amour, le dévouement absolu qu'il doit au Mikado et à la patrie japonaise, lesquels ne font qu'un, le premier n'étant, à véritablement parler, que le symbole vivant de la seconde. On lui enseigne que le Japon est la nation privilégiée des dieux, le centre de l'univers, qu'elle a reçu la mission providentielle de dominer et de regénérer le monde. Dans toutes les fêtes patriotiques ou militaires, revues, grandes manœuvres, cérémonies funèbres en l'honneur des soldats morts pour la patrie, une place est réservée aux enfants des écoles. Lors de l'entrée solennelle de l'Amiral Togo

à - - - - -

à Tokio, au mois d'octobre dernier, les bambins et les fillettes des écoles primaires de la ville, encadrés par leurs professeurs, faisaient la haie, des drapeaux à la main, sur certains points du parcours et criaient : "Banzaï" à commandement. Aucune occasion n'est négligée de frapper vivement ces jeunes esprits par des spectacles de cette nature.

Le Japonais est naturellement leste et alerte ; ces qualités sont entretenues et développées à l'école par de nombreux exercices d'une gymnastique bien appropriée, exercices d'adresse plutôt que de force ; le célèbre "jujitsu" en est la forme la plus connue. L'escrime au sabre à 2 mains, à la vieille mode, est en outre très en honneur dans les écoles de l'enseignement secondaire.

Psychologie du soldat et de l'armée.-

L'homme de recrue arrive ainsi au régiment tout façonné moralement et physiquement ; il a d'ailleurs déjà quelques notions des exercices militaires. Il se trouve placé entre les mains d'officiers qui, pour la presque totalité, sont des descendants des Samouraï dont il vient d'être parlé, imbus des idées guerrières de leurs pères et de cet esprit chevaleresque japonais qu'on a appelé le "bushido" et qui constitue leur code de l'honneur : Les caractéristiques de

ce . . . . . .

ce code sont : mépris de la mort, fidélité au chef [1]. Sous la direction d'hommes de cette trempe, qui ne voient rien au-delà de la carrière des armes et qui passent toutes leurs journées à la caserne ou sur le champ de manœuvres, au milieu des hommes, ceux-ci sont vite dressés ; le plus long est peut-être de les habituer à marcher avec des souliers. Au cours de la dernière campagne, on formait un fantassin en trois mois.

La discipline est excellente ; le soldat japonais trouve en effet tout naturel d'obéir à des chefs appartenant pour la plupart à une caste respectée ; et ceux-ci ayant des traditions de commandement, savent se faire obéir sans effort. Dans ces conditions, la discipline est douce, empreinte d'une familiarité bienveillante de la part de l'officier, respectueuse de la part du soldat.

Comme résultante, on obtient une armée véritablement nationale, pénétrée jusqu'aux moëlles de l'esprit patriotique et guerrier, encadrée par des officiers de haute valeur morale, et par suite, prête à tous les sacrifices. On a vu, en effet, au cours de cette campagne, certaines unités subir des pertes s'élevant à des pour cent inconnus jusqu'à ce jour. Un

des ------

(1) On peut rapprocher, au point de vue de la formation du corps d'officiers, ces familles de Samouraï de celles de la petite noblesse militaire française avant la Révolution, et des hobereaux prussiens d'aujourd'hui.

des régiments de la brigade Namba, (3e Division), qui comptait au moins 2600 hommes avant la bataille de Moukden c'est à dire à la fin de février 1905, était réduit, le 8 mars, à une trentaine d'hommes et trois officiers. (1)

Tous les moyens sont d'abord employés pour maintenir et relever le moral des troupes.

Assez fréquemment, au cours de cette campagne, on célébrait une fête patriotique ou militaire, anniversaire glorieux ou cérémonie en l'honneur des morts, suivie de banquets et de réjouissances; le Japonais est, en effet, d'ordinaire sobre et silencieux; mais il a besoin de temps à autre d'une détente au physique et au moral.

D'autre part, les nombreuses associations patriotiques japonaises envoyaient incessamment à l'armée des dons de toute sorte, soit des objets utiles, comme des couvertures et des effets, soit des douceurs, telles que cigarettes, petits sacs contenant du papier à lettres, des sucreries etc. L'Empereur, l'Impératrice, les grands personnages faisaient de même. Des délégués spéciaux du Mikado venaient parfois du Japon visiter les troupes dans leurs cantonnements. Enfin, le service de la poste, fort bien fait, permettait aux hommes de rester en relations avec leurs proches et de

lire......

---

(1) A Port-Arthur, lors de l'attaque brusquée du mois d'août, le 7e Régt d'Infanterie fut réduit à 203 hommes et 6 officiers.

lire les journaux célébrant leurs exploits.

De ce qui précède, on peut aisément déduire la psychologie de l'armée japonaise en campagne.

Il serait facile de faire une antithèse à effet, en dépeignant, en regard, la psychologie de l'armée russe en Mandchourie.

Les résultats parlent d'ailleurs d'eux-mêmes.

J'ai tenu à m'étendre sur ces éléments psychologiques, parce que j'ai la conviction profonde que tout le secret des succès japonais réside dans ces causes morales; tout le reste est secondaire, je ne saurais trop le répéter."

(Général Lombard)

Le Général Lombard dit encore ailleurs:

"Dans cette guerre, c'est le soldat japonais qui a vaincu, et cela à cause de la grande force morale dont il était animé; tout le reste est secondaire.

"Nous devons donc avant tout élever et fortifier le moral de nos enfants et de nos jeunes gens.

C'est tout un plan d'éducation patriotique à établir; sa réalisation sera d'une autre importance pour notre armée que la constitution des moyens matériels puissants, ou d'ailleurs, ajoutons-le, néces-saires, dont il y a lieu de la tenir toujours pourvue.

Enfin, plus une armée est jeune, c'est-à-dire déshabituée de la guerre, plus

elle ......

elle a besoin de soutien moral et matériel. Aussi, après avoir trempé fortement le ressort de notre soldat, nous devons le doter des moyens d'action les plus puissants. Le fusil automatique, la mitrailleuse, l'obus à explosif, le télégraphe, l'outil, joueront un rôle considérable dans la prochaine guerre.

Remarques tirées d'autres rapports. -

Les officiers japonais ne semblent pas avoir, pour la plupart, une intelligence bien remarquable, ni une culture générale étendue, mais ils s'occupent sérieusement et uniquement de leurs fonctions. Ils apportent un grand soin dans tous les détails. Ils sont observateurs et prompts à tirer parti de ce qu'ils jugent avantageux. En somme, ce sont d'excellents officiers de troupe. Le corps d'officiers japonais a une assez grande valeur, parce que presque tous les officiers ont des qualités moyennes suffisantes. Cela peut être dit pour toutes les armes, les administrations, l'état-major et le commandement.

Les hommes de troupe sont admirablement disciplinés. Ils ont le respect inné de leurs supérieurs; ils leur sont tout naturellement soumis. La discipline n'est pas tracassière d'ailleurs. Le Japonais est naturellement respectueux et obéissant,

mais ......

mais il est d'humeur ombrageuse ; il se plierait mal à une discipline trop pointilleuse. Il faut lui parler poliment et n'exiger de lui que les choses essentielles ; aussi la plus grande liberté était-elle laissée aux hommes pour leur tenue, leur installation au cantonnement, etc. La sobriété des Japonais contribue d'ailleurs dans une large mesure au maintien de la discipline.

Des rapports du Dr. Matignon nous extrayons les passages suivants :

"Une promenade dans un hôpital japonais, pour qui veut voir, en dit long sur l'état d'âme de la nation relativement à la guerre. Le pays tout entier est de coeur avec l'armée. Les soins et les attentions innombrables dont les malades sont l'objet en sont une preuve éclatante. Tout le monde donne pour eux et cette patriotique charité se manifeste par des modes multiples dont les plus modestes ne sont pas les moins touchants dans leur simplicité. Les enfants des écoles renoncent à leur sou de poche pour acheter des cigarettes pour les blessés. Les petites filles de tel canton consacrent leurs heures de récréation à illustrer des cartes postales pour les hôpitaux, ou demandent à leurs parents de verser au fonds des hôpitaux l'argent qu'ils auraient consacré cette année à leur faire faire quelque nouvelle toilette. Un prince de la finance fait bâtir un casino où les malades qui

peuvent.....

peuvent s'y rendre trouvent journaux, papier à lettres, entendent de la musique, ont des représentations théâtrales. Des dames envoient des fleurs, et, dans certaines salles, chaque malade a son bouquet. On envoie pour les malades des livres, des phonographes, des journaux, des albums de photographies. Des montreurs de cinématographes ou de lanternes magiques viennent donner des représentations gratuites. Et il n'est pas jusqu'aux conteurs publics et prestidigitateurs, bien pauvres cependant, qui ne tiennent en venant faire rire pour rien les blessés, à apporter leur obole, si minime soit-elle, à ce grand et patriotique tribut de charité pour ceux qui se sont si vaillamment battus pour la gloire et la grandeur du "Dai Nippon".

Côté russe

Au point de vue psychologique, la situation des deux armées était bien différente. Les Japonais, à tous les degrés de la hiérarchie, luttaient pour ce qu'ils croyaient devoir être une question de vie ou de mort pour leur pays; la plupart des Russes, au contraire, et les officiers en grande majorité, se demandaient ce qu'ils venaient faire à des milliers de kilomètres de la Russie, alors qu'en traversant la Sibérie et le Transbaïkal ils avaient pu se rendre compte des vastes territoires qui leur restaient encore à cultiver. Les plus intelligents d'ailleurs n'approuvaient pas la politique qui avait amené la Russie à cette guerre, qui lui avait fait dépenser des centaines de millions en Extrême-Orient, alors que le pays avait tellement besoin d'argent pour son développement intérieur et la mise en valeur de ses propres ressources.

Donc pour les Japonais, c'était une guerre nationale, pour les Russes une guerre coloniale contraire au sentiment populaire.

Au moment où les attachés militaires étrangers, sur le point de rentrer chez eux, prirent congé du Général Kouropatkine, il leur dit :

« Je ne vous cacherai pas que les conditions morales se sont présentées d'une

manière ....

manière défavorable pour nous pendant cette campagne.

"D'une façon générale, je ne puis placer le soldat japonais, pris isolément, au-dessus de notre soldat russe, ni sous le rapport du développement physique, ni au point de vue des qualités morales. Mais dans toute l'armée japonaise, sous l'influence d'une série de causes diverses et de conditions exclusives, il s'est produit une élévation extraordinaire des forces morales. Chaque Japonais comprenait clairement l'importance de cette guerre pour sa patrie. Le gouvernement, le parlement, toute la nation travaillaient dans une même direction; tous étaient animés du même sentiment. A la tête se trouvaient les Samouraïs, détenteurs des anciennes traditions. Ils recherchaient la mort dans le combat comme le suprême bonheur, et, en quittant le sol natal, ils se considéraient déjà comme morts. En dehors des exploits des officiers, nous connaissons aussi des faits qui prouvent que le simple soldat était également pénétré d'un rare fanatisme.

"Je suis loin de cette pensée que le soldat japonais est plus brave que le nôtre. La bravoure est propre à toutes les nations; l'absence de courage chez certains individus est à mon avis un phénomène exceptionnel, anormal, maladif. Mais il est nécessaire que ce sentiment soit réchauffé par la conscience de la nécessité de se sacrifier pour

un .....

un but élevé, nettement compréhensible.

"Cette conscience n'existait pas, non seulement chez nos soldats, mais aussi, je vous le dirai tout franchement, chez un nombre considérable de nos officiers et même de nos généraux. La guerre était, comme on dit, impopulaire; les causes en étaient incompréhensibles pour le peuple. Quel intérêt tangible, quelle idée pouvait avoir un réserviste quelconque du Gouvernement de Kharkow ou de Poltava au sujet de l'importance de la Mandchourie, au sujet du Japon? Il n'avait même jamais entendu ces noms. On le mettait en wagon et on l'emmenait quelque part, au delà de la Sibérie: "Où nous emmène-t-on?" demandaient-ils à ceux qui les accompagnaient à la gare, "pourquoi donc faisons-nous cette guerre avec les Japonais!?"

"Ajoutez les lettres relatives à ce qui se passait dans le pays, même écrites sans la moindre mauvaise intention. Je ne rappellerai même pas l'activité de certains partis; il y en a de semblables dans tous les pays, et dont la devise peut se traduire ainsi: "pis cela va, mieux cela vaut" et qui ont pu amener des incidents aussi tristes que celui du "Potemkine". Vous avez aussi entendu parler des proclamations que l'on répandait au milieu des troupes pendant leur voyage sans fin à travers les territoires déserts de la Sibérie.

"C'est avec cette préparation que

notre.........

notre soldat arrivait sur le théâtre des opérations et souvent descendait du wagon pour marcher directement au combat.

"Dans d'autres cas, comme par exemple au Xe Corps, il s'élevait entre les soldats du cadre et les anciens réservistes nouvellement arrivés pour combler les pertes, des disputes qui ont failli dégénérer en coups de baïonnette. "Vous êtes au service disaient les vieux, c'est votre affaire de marcher à la guerre; mais nous, nous sommes des paysans. Qu'est-ce que cela nous fait maintenant cette guerre?"

"A tout cela, il faut ajouter le manque d'officiers, particulièrement pendant et après la bataille. Les compagnies étaient souvent commandées par de jeunes sous-lieutenants ou par des enseignes de réserve, peu familiarisés avec les conditions et les exigences de la bataille actuelle et parfois même par de simples sous-officiers.

"Et aussi, parmi les chefs élevés, il s'en est trouvé qui n'ont pas justifié notre attente et la confiance mise en eux: je citerai le nom du Général Grippenberg; je rappellerai les opérations de la 2e Armée à Moukden."

www.ingramcontent.com/pod-product-compliance
Lightning Source LLC
LaVergne TN
LVHW020454230826
846091LV00008BA/3189

* 9 7 8 2 0 1 9 2 2 5 0 4 9 *